Christopher A. Weidner

ASTROLOGIE
FÜR DIE SINNE
Wassermann
Harmonisch leben
mit den Sternen

INHALT

Die Persönlichkeit des Wassermanns 4
    Der Weg des Wassermanns 5
    Das braucht der Wassermann 8
    Wassermanntypen – die Rolle des Aszendenten 10

Der Wassermann in Harmonie 16
    Welcher Wassermanntyp sind Sie? 17
    Der Wassermann im Lot 19
    Der unausgelastete Wassermann 20
    Der überforderte Wassermann 21

Unsere Sinne – Tore zur Seele 22
    Farben wie ein rauschendes Fest 24
    Zukunftsmusik 28
    Ein Hauch von Extravaganz 30
    Zwischen Exotik und Astronautennahrung 35
    Zwischen Annäherung und Vermeidung 39
    Die Philosophie des Stilbruchs –
    die Wohnung des Wassermanns 44

Der Wassermann und die anderen 48
    Wer passt zu wem? 49
    Sinn und Sinnlichkeit – das Feuer der Leidenschaft wecken ... 56

ERSTES KAPITEL

Die Persönlichkeit des Wassermanns

Wassermann-Zeit ist etwa vom 20. Januar bis 19. Februar eines jeden Jahres.
Wenn die Sonne das Tierkreiszeichen Wassermann erreicht, herrscht tiefer Winter. Doch werden die Tage merklich länger und die Sonne scheint häufiger. Es ist nicht mehr ganz so kalt und es zieht die Menschen wieder nach draußen an die frische Luft.

Das Datum für den Beginn und das Ende eines Tierkreiszeichens kann von Jahr zu Jahr um ein, sogar zwei Tage schwanken. Wenn Sie ganz genau wissen möchten, ob Sie noch Steinbock oder schon Wassermann oder noch Wassermann oder schon Fische sind, können Sie auf meiner Website unter www.phoenix-astrologie.de nachsehen.

DER WEG DES WASSERMANNS

Unter der gefrorenen Oberfläche, das ahnt man, ist schon Bewegung. Zur Wassermann-Zeit gehören Fastnacht, Fasching und Karneval, denn sie sind Ausdruck der wieder erwachenden Freude am Leben und vor allen Dingen des Wunsches nach ungezwungener Ausgelassenheit, nach der Narrenfreiheit. Das Symbol des Wassermanns stellt das Fließen des Wassers dar. Es weist auf die Kräfte dieser Zeit hin, in der die starre Oberfläche aufgebrochen und aufgeweicht wird, um endlich dem Neuen Platz zu machen.

Die Persönlichkeit des Wassermanns

NICHT EINER UNTER VIELEN SEIN

Aufbruch, Umbruch, Unzufriedenheit mit dem Bestehenden, die Befreiung vom Alten, die Sehnsucht nach dem Neuen – das ist die Botschaft der Wassermann-Zeit. Sie sind ein Kind dieser Zeit und diese Stimmung hat sich gewissermaßen in Ihren Charakter eingeprägt. Der Wassermann lehnt starre Normen und Konventionen ab – er will sich nicht einfach ein- und unterordnen, denn er spürt deutlich, dass dabei seine Individualität verloren geht. Wassermänner halten es nirgendwo lange aus, denn leicht bekommen sie das Gefühl zu stagnieren. Deshalb wirken sie manchmal etwas gehetzt, wie auf dem Sprung. Kaum angekommen suchen sie schon nach dem Ausgang – zumindest halten sie den Fluchtweg stets im Auge – man weiß ja nie ...

DEM RUF DER ZUKUNFT FOLGEN

Wer versucht, ihn festzuhalten, der wird seinen Drang nach Freiheit rasch zu spüren bekommen, und das nicht zu knapp: Der charmanteste Wassermann wird zum Berserker, wenn er merkt, dass man ihm Ketten anlegen möchte. Und ehe man es sich versieht, ist er auch schon längst über alle Berge – auf und davon. Unabhängigkeit wird beim Wassermann groß geschrieben. Er will sich keinem Gesetz und keinem Menschen verpflichtet fühlen. Sein innerer Auftrag lautet: Sei ganz du selbst! Darum wird man ihn kaum auf ausgetretenen Pfaden finden, sondern dort, wo andere bereits den Eindruck hätten, vom rechten Wege abgekommen zu sein. Wassermänner folgen dem Ruf der Zukunft: „Die gute alte Zeit" ist für sie ein rotes Tuch.

EIGENE WEGE GEHEN

Darin begründet sich auch der Erfindergeist des Wassermanns, der stets darauf aus ist, das Bestehende zu hinterfragen und das Neue in seinen Visionen vorwegzunehmen. Wo andere noch an herkömmlichen Methoden festhalten, denkt der Wassermann schon das Undenkbare. Wo andere bereits vor vermeintlichen Tatsachen kapitulieren, findet er noch einen Ausweg. Ihm ist wichtiger, was morgen sein wird, als das, was gestern war. Deshalb fällt es ihm schwer, sich an etwas zu binden, sei es an Beziehungen, sei es an materielle Werte. Nichts ist schlimmer für ihn als die Routine und das Festhalten an Gewohnheiten.

DER GEIST, DER STETS VERNEINT

Es ist sehr schwer, Wassermänner wirklich zufrieden zu stellen. Oftmals scheinen sie wie versessen darauf, aus der Reihe zu tanzen. Dadurch glauben sie, nicht dingfest gemacht werden zu können. Doch gerade diese Sprunghaftigkeit erschwert manchmal den Umgang mit ihnen. Denn wer möchte nicht gerne wissen, woran man bei einem Menschen

Die Persönlichkeit des Wassermanns

ist? So ist es eine große Herausforderung für den Wassermann, nicht immer nur den Gegenkurs zu fahren. Er muss erkennen, dass sich seine Einzigartigkeit nicht darin erschöpfen darf, ununterbrochen das Gegenteil von dem zu tun, was man von ihm erwartet. Individuell zu sein heißt unverwechselbar zu sein – und das wiederum bedeutet, genauso zu sein, wie man ist, ohne sich an den äußeren Umständen zu orientieren – weder als Jasager noch als Neinsager.

DAS BRAUCHT DER WASSERMANN

BODY: ES IST DER GEIST, DER DEN KÖRPER FORMT ...

Wassermänner haben eine eher vergeistigte Sicht auf die Welt. Sie glauben, dass der Geist die Welt regiert und sich Materie dem Geist unterzuordnen habe. Daher erleben sie ihre körperlichen Bedürfnisse nicht selten als Belastung, weil sie den Geist in seinen Höhenflügen bremsen. Ob Hunger, Durst, Schlaf oder das Bedürfnis nach regelmäßiger Bewegung – diesen Geboten des Körpers nachzugeben ist für den Wassermann eine lästige Pflicht, der er in seinem idealistischen Überschwang nur ungern nachkommt.

Gerade für Sie als Wassermann ist es wichtig, Ihrem Körper die notwendige Aufmerksamkeit zu widmen. Schätzen Sie ihn als ein wertvolles Instrument, mit des-

sen Hilfe Sie all Ihre Ideen und Ideale in die Wirklichkeit umsetzen können. Gönnen Sie ihm Pflege, Entspannung und ausreichend Bewegung. Begeben Sie sich in eine auf Ihre individuellen Bedürfnisse abgestimmte Behandlung, in welcher der geistige Aspekt nicht zu kurz kommt. Spezielle Fitness-Formen wie ein Workout nach den Techniken von Pilates unter der Leitung eines Personal Trainers kommen hier ebenso infrage wie Körperübungen des klassischen Hatha-Joga: Sie alle verbindet das Ziel, Körper und Geist als Einheit zu trainieren.

... AND SOUL: RAUS AUS DEM ELFENBEINTURM!

Der Wassermann hängt gerne mit dem Kopf in den Wolken. Die luftige Welt des Geistes und der freien Gedanken ist sein Zuhause. Die Welt der Gefühle jedoch kann ihn ganz schön irritieren, denn während Gedanken sich leicht steuern lassen, haben Gefühle etwas Irrationales an sich. Mitunter fühlt sich ein Wassermann daher hin und her gerissen zwischen der Stimme „aus dem Bauch" und der Stimme der Logik – und weitaus häufiger gibt der Wassermann der Kopf-Stimme nach, selbst wenn es ihm arge „Bauchschmerzen" bereitet. Doch nicht immer ist dies die richtige Entscheidung, denn unsere Gefühle reagieren oft schneller und präziser auf Situationen als unsere Gedanken. Gefühle können aber nicht auf Dauer unterdrückt werden – sie werden sich ihren Weg nach außen bahnen, und das dann häufig in einer heftigen Entladung.

Seele und Geist sind nicht Kontrahenten, sondern nur zwei Wege, die Welt zu begreifen. Zwar liegt Ihnen die gedankliche Aufarbeitung Ihrer Erlebnisse mehr als die emotionale, doch sollten Sie die Balance zwischen Kopf und Bauch wahren. Sicher werden Sie eigene Gefühle und die anderer leichter akzeptieren, wenn Sie sie verstehen. Dabei könnten Ihnen psychologische Modelle hilfreich sein, etwa die Transaktionsanalyse oder auch NLP (Neurolinguistisches Programmieren).

WASSERMANNTYPEN – DIE ROLLE DES ASZENDENTEN

Inzwischen hat sich herumgesprochen, dass nicht nur das so genannte „Sternzeichen" von Bedeutung ist, sondern auch der Aszendent. Der Unterschied ist leicht erklärt. Während das „Sternzeichen" dadurch bestimmt wird, in welchem Abschnitt des Tierkreises die Sonne zum Zeitpunkt der Geburt stand, ist der Aszendent jenes Tierkreiszeichen, das zum Zeitpunkt der Geburt und am Ort der Geburt gerade am östlichen Horizont aufging. Während man für das „Sternzeichen" lediglich seinen Geburtstag kennen muss, ist für den Aszendenten auch die Geburtsminute und die geographische Lage des Geburtsorts wichtig. Am Ende

dieses Buches finden Sie eine Übersicht, mit der Sie Ihren Aszendenten leicht selbst bestimmen können. Die Sonne steht aus astrologischer Sicht für das, was wir von uns zeigen – „die Sonne bringt es an den Tag". Der Aszendent hingegen verweist eher darauf, wer wir in unserem Inneren wirklich sind. Auf eine Formel gebracht: Das „Sternzeichen" offenbart etwas über unser sichtbares Verhalten, der Aszendent über unsere eher unsichtbaren Anlagen, die wir ins Leben mitgebracht haben. So gesehen beeinflusst der Aszendent unsere Art und Weise, auf die Welt zuzugehen: Er verändert das typische Verhalten unseres „Sternzeichens" und verleiht ihm eine individuelle Note. So erfahren Sie, welcher Typ Wassermann in Ihnen steckt. Mit diesem Wissen ist es Ihnen möglich, noch genauer für sich zu bestimmen, welche Bedürfnisse in Ihnen durch die Anregungen und Vorschläge in diesem Buch geweckt und ausgeglichen werden können.

ASZENDENTENTYPEN

Die folgenden Aszendenten-Beschreibungen sind nur zu verstehen, wenn sie im Zusammenhang mit Ihrer Wassermann-Sonne gesehen werden. Sie treffen also nur auf diejenigen Aszendenten zu, die zugleich „Sternzeichen Wassermann" sind.

Die Persönlichkeit des Wassermanns

ASZENDENT WIDDER – DER INDIVIDUELLE

Sie sind der geborene Individualist! Und damit haben Sie es nicht immer leicht, denn oft beseelt Sie Widerspruchsgeist. Sie springen gerne aus der Norm, doch dahinter steckt die Angst, im Verhalten festgelegt zu werden. Aber das Leben ist ein konstruktives Miteinander.

- **Ihre Herausforderung: Nicht im Widerspruch verheddern!**

ASZENDENT STIER – DER EHRGEIZIGE

Ihnen ist es wichtig, nicht nur voranzukommen, sondern dabei auch hohe Ziele zu verwirklichen. So löblich diese Einstellung ist, Sie sollten aufpassen, die Dinge nicht übers Knie zu brechen und dabei auf Dauer Raubbau an den eigenen Ressourcen zu betreiben.

- **Ihre Herausforderung: Innerlich zur Ruhe finden!**

ASZENDENT ZWILLINGE – DER GROSSZÜGIGE

Großzügigkeit ist Ihre Stärke: Wo auch immer Sie können, unterstützen Sie andere tatkräftig. Wirklich uneigennützig ist Ihr Verhalten nicht. Dahinter steht ein großes Bedürfnis nach Anerkennung und Bestätigung. Doch letztlich kommt es nur darauf an, das Sie selbst mit sich zufrieden sind!

- **Ihre Herausforderung: Uneigennützig sein!**

ASZENDENT KREBS – DER KONSEQUENTE

Sie sind, was Ihre Ziele im Leben angeht, unbeirrbar: Was Sie sich einmal in den Kopf gesetzt haben, das ziehen Sie auch durch. Weniger wohlgesinnte Stimmen bezeichnen Sie als unbelehrbar. In der Tat wäre manchmal eine Kurskorrektur für den Erfolg einer Unternehmung förderlicher als ein stures Festhalten an einmal getroffenen Beschlüssen.

- Ihre Herausforderung: Die Dinge geschehen lassen!

ASZENDENT LÖWE – DER KONTAKTFREUDIGE

Kein Tag ohne Langeweile – das wünschen Sie sich und sind stetig auf der Suche nach neuen Impulsen, neuen Gedanken, neuen Kontakten. Das „stille Kämmerlein" ist nichts für Sie. Und hierin liegt Ihr Problem: Sie können nicht wirklich alleine mit sich selbst sein, in das eigene Innere lauschen und den eigenen Bedürfnissen nachforschen.

- Ihre Herausforderung: Die eigenen Bedürfnisse spüren!

ASZENDENT JUNGFRAU – DER GRÜNDLICHE

Sie nehmen es gerne ganz genau. Sie beobachten Ihre Umwelt und verstehen es, immer zur rechten Zeit am rechten Ort zu sein. Für jede Eventualität sind Sie gewappnet und auf jede Situation haben Sie eine passende Antwort parat. Manchen erscheinen Sie deshalb zu perfekt, zu glatt, zu „farblos". Das aber wird Ihnen in keiner Weise gerecht!

- Ihre Herausforderung: Kanten zeigen!

Die Persönlichkeit des Wassermanns

ASZENDENT WAAGE – DER VITALE

Leben und leben lassen – das ist Ihre Maxime. Nichts kann Sie bewegen, wenn es nicht in irgendeiner Weise Ihre Lust am Leben stimuliert. Dabei schlagen Sie schon mal über die Stränge, was soll's. Doch jeder muss für seine Handlungen geradestehen: Nicht über alles sieht die Mitwelt hinweg.

- **Ihre Herausforderung: Verantwortung übernehmen!**

ASZENDENT SKORPION – DER EMPFINDSAME

Ihre große Stärke ist die Intuition und Sie verlassen sich gerne auf Ihr Gefühl. Zugleich sind Sie aber kein besonders offener Mensch und halten sich lieber zurück, als Ihre Ansichten lautstark und mit Nachdruck zu vertreten. Doch nur in der Konfrontation mit der Umwelt und mit anderen Menschen ist eine Entwicklung der Persönlichkeit möglich.

- **Ihre Herausforderung: Konfrontation!**

ASZENDENT SCHÜTZE – DER VIELSEITIGE

Ihre Interessen sind vielfältig und Sie tanzen gerne auf allen Hochzeiten. Manch einer hält Sie da schon mal für oberflächlich. Doch gerade Ihr kommunikatives Talent ist Ihre Stärke. Dennoch sollten Sie hin und wieder einen Gang zurückschalten: Nicht jeder besitzt eine so rasche Auffassungsgabe.

- **Ihre Herausforderung: In die Tiefe gehen!**

ASZENDENT STEINBOCK – DER SINNLICHE

Ihre praktische Veranlagung und Ihre Beharrlichkeit bringen Ihnen den Ruf großer Zuverlässigkeit ein. Sie lieben es, die Dinge beim Werden zu beobachten und sie mit allen Sinnen zu erfassen und zu genießen. Sicherheit ist in Ihrem Leben ein sehr hoher Wert und dies macht Sie manchmal auch zu einem eher unflexiblen Zeitgenossen.

- Ihre Herausforderung: Mut zur Veränderung!

ASZENDENT WASSERMANN – DER EIGENSINNIGE

Sie sind eigenständig und selbstbewusst, nichts ist Ihnen wichtiger, als sich selbst gegenüber aufrichtig zu sein. Unabhängigkeit ist Ihr zentrales Thema – weshalb andere Sie leicht als egozentrisch einstufen. Ein wenig Diplomatie im Umgang mit anderen kann also nicht schaden.

- Ihre Herausforderung: Sich anderen öffnen!

ASZENDENT FISCHE – DER VERBORGENE

Sie zeigen Ihre Durchsetzungskraft nicht gerne offen, sondern spielen lieber mit verdeckten Karten. Der Erfolg gibt Ihnen Recht. Doch handelt Ihnen das nicht selten den Vorwurf ein, Sie würden sich durchs Leben mogeln. Andere könnten sich hintergangen fühlen.

- Ihre Herausforderung: Farbe bekennen!

ZWEITES KAPITEL

Der Wassermann in Harmonie

Nicht immer können wir die Eigenschaften unseres Zeichens in ihren positivsten Ausprägungen an uns erleben. Verschiedene Einflüsse aus der Umwelt, Stress und Überlastung, aber auch Unterforderung und mangelnde Anerkennung unserer Fähigkeiten, bringen uns aus dem Gleichgewicht. Wir sind nicht im Einklang mit unseren Bedürfnissen. Wenn wir nicht in unserer Mitte sind, beginnen wir uns unwohl zu fühlen. Ob Sie zurzeit eher dem unausgelasteten Wassermann oder dem überforderten Wassermann entsprechen oder ob Sie gar im Lot mit Ihren Wassermann-Kräften sind, verrät Ihnen der folgende Test. Im Anschluss erfahren Sie alles über die drei Wassermanntypen und worauf Sie achten müssen.

WELCHER WASSERMANNTYP SIND SIE?

1. Welche der folgenden Aussagen entspricht zurzeit am ehesten Ihrem Lebensgefühl?
a) Was geht mich das an? 0
b) Nichts geht mir schnell genug. 2
c) Es gibt viel zu tun – packen wir's an! 1

2. Wie kommen Sie augenblicklich mit den alltäglichen Dingen zurecht?
a) Ich habe den Eindruck, mich für andere aufzureiben. 2
b) Jeder soll genau das tun, was er am besten kann. 1
c) Gut, solange man nicht zu viel von mir verlangt. 0

Der Wassermann in Harmonie

3. Für welches Motiv würden Sie sich spontan entscheiden?
a) Ein Regenbogen. 1
b) Planeten im Weltall. 0
c) Ein Komet. 2

4. Stellen Sie sich vor, Sie könnten sofort in die Ferien aufbrechen – was wäre Ihr Traumurlaub?
a) Auf den Spuren der Aborigines in Australien. 1
b) Freeclimbing im Grand Canyon. 2
c) Mit dem Fesselballon von Ort zu Ort. 0

5. Was stört Sie an Ihren Mitmenschen zurzeit am meisten?
a) Hektik. 2
b) Sturheit und mangelnde Flexibilität. 0
c) Eigentlich nichts. 1

6. Um gut mit anderen auskommen zu können, ist es zurzeit wichtig für Sie, dass
a) jeder nach seiner Fasson selig sein darf. 1
b) man Ihren Ideen genügend Aufmerksamkeit schenkt. 0
c) Sie sich nicht mit anderen langweilen. 2

7. Was schätzen Sie an anderen Menschen zurzeit am meisten?
a) Pragmatik. 0
b) Herzlichkeit. 2
c) Engagement. 1

Zählen Sie alle Punkte zusammen und vergleichen Sie: 0 – 4 Punkte: Der unausgelastete Wassermann; 5 – 10 Punkte: Der Wassermann im Lot; 11 – 14 Punkte: Der überforderte Wassermann

DER WASSERMANN IM LOT

Den Wassermann im Lot beflügelt die Vision einer künftigen Welt, in der sich die Schwierigkeiten und Probleme der Gegenwart ins Positive gekehrt haben und gelöst wurden. Ihn motiviert der Gedanke, dass wir in der besten aller Welten noch nicht leben, sondern dass sie erst noch auf uns wartet. Dabei erkennt der Wassermann die Individualität jedes Einzelnen an, denn er weiß, dass in der Vielfalt der Fähigkeiten und Talente unter den Menschen die Kraft zur Veränderung liegt. Seine großen Stärken liegen dann darin, diese vielfältigen Kräfte zu organisieren. Selbst in ausweglosen Situationen findet ein Wassermann eine Lösung. Ohne Mühe verbindet er seine Intuition für alles, was augenblicklich angesagt ist, mit dem, was die Logik gebietet: Auf diese Weise ist er seiner Zeit stets voraus. Für andere ist er eine Quelle des Idealismus: Er setzt sich für die Freiheit ein und sein höchstes Gut ist die Freundschaft unter den Menschen.

- Auch wenn Sie sich zurzeit in einem ausgewogenen Wassermann-Zustand befinden, können die Anregungen in diesem Buch dazu beitragen, diesen Zustand zu vertiefen. Sie haben im Augenblick die besten Karten, Körper, Seele und Geist dauerhaft in Einklang zu bringen.

 Der Wassermann in Harmonie

DER UNAUSGELASTETE WASSERMANN

Mit dem Kopf in den Wolken – so könnte man den unausgelasteten Wassermann beschreiben. Die klaren Visionen einer besseren Zukunft sind im Grunde nichts als Luftschlösser, die schönen Ideale sind schillernde Seifenblasen. Der Wassermann selbst gefällt sich vielleicht darin, mit immer neuen und aufregenderen Szenarien für eine schöne neue Welt zu brillieren, aber die Hände wird er sich nicht dafür schmutzig machen. Das sollen doch bitteschön andere für ihn erledigen. Wassermänner, die sich in diesen Zustand verrannt haben, glauben gerne, dass ihre Vorschläge der Weisheit letzter Schluss seien und gehen davon aus, dass auch alle anderen das so sehen müssten. Doch wirken ihre Gedankengänge auf die meisten in ihrer Umwelt abgehoben und unrealistisch.

- Ihre besonderen Fähigkeiten und Ihre originellen Gedanken sind für sich genommen nicht viel wert – erst wenn sie sich an der Realität bewähren und in der Zusammenarbeit mit anderen Menschen die Feuerprobe bestanden haben, können Sie mit Fug und Recht stolz darauf sein. Eine gute Idee zu haben, ist erst der Anfang. Nur wenn ich mich dafür einsetze, dass diese Idee auch in die Tat umgesetzt werden kann, entsteht etwas wirklich Neues daraus. Bemühen Sie sich also um den Dialog mit anderen, prüfen Sie gemeinsam, wie realistisch ein Weg ist, und bauen Sie auf die Kraft des Teamgeist. Ihnen können die Vorschläge in diesem Buch besonders dazu dienen, sich wieder auf die Urkraft des Wassermanns in Ihnen zu besinnen.

DER ÜBERFORDERTE WASSERMANN

Wie ein Irrlicht huscht der überlastete Wassermann über die Landschaft und versucht, möglichst auf allen Hochzeiten zu tanzen. Überall hat er seine Finger im Spiel, denn er scheint vom Glauben beseelt zu sein, dass nichts ohne ihn und seine besonderen Begabungen funktionieren könne. Dabei hält er mit seinen Ratschlägen nicht hinterm Berg: Zu allem und jedem gibt er seinen Senf dazu, überall weiß er es besser. Das alleine wäre vielleicht nicht so dramatisch, wenn man nicht wüsste, dass er es oft gar nicht für nötig hält, sich länger bei einer Sache aufzuhalten: hier eine spitze Bemerkung, dort ein schnippisches Wort – und schon ist der Wassermann beim Nächsten, dem er zu seinem Glück verhelfen möchte. Echtes Interesse aber erwartet man vergeblich.

- Gute Ratschläge zu erteilen ist, ist keine Sache, die man zwischen Tür und Angel erledigen sollte. Nehmen Sie sich mehr Zeit für andere, speisen Sie sie nicht mit Plattitüden ab. So richtig Sie vielleicht mit Ihrer Einschätzung auch liegen mögen – was nützen Ihre guten Tipps, wenn Ihr Gegenüber sie nicht annehmen mag und sich im Gegenteil sogar auf den Schlips getreten fühlt? Dann bleibt Ihnen am Ende nur der schale Triumph, es besser gewusst zu haben. Es kommt also nicht nur darauf an, was man mitzuteilen hat, sondern auch wie, und vor allen Dingen, ob man mit dem Herzen beim anderen ist. Die Vorschläge in diesem Buch werden Sie wieder in einen ausgeglichenen Wassermann-Zustand versetzen. Sie können Ihnen helfen, mit Ihren Kräften besser hauszuhalten und sie sinnvoll einzusetzen.

DRITTES KAPITEL

Unsere Sinne – Tore zur Seele

Unsere fünf Sinne sind der Schlüssel zur Welt und das Tor zur Balance von Körper, Seele und Geist. Die Stimulation der fünf Sinne übt eine positive Wirkung auf die physische und psychische Gesundheit aus.

Wenn wir die fünf Sinne positiv anregen, zum Beispiel über schöne Farben, schmeichelnde Formen und angenehme Düfte, wird das mittels Hormone an unser Immunsystem weitergeleitet. Die Aktivierung der Zellen des Immunsystems wiederum bringt Körper und Seele wieder ins Gleichgewicht, wo sie aus dem Lot geraten sind, sei es durch zu wenig Aufmerksamkeit für ihre Bedürfnisse, sei es durch Überbeanspruchung. Auch die negative Stimulation der fünf Sinne, zum Beispiel durch Stress, laute Geräusche, Geruchsbelästigung und optische Reizüberflutung, setzt Hormone frei, die aber das Immunsystem schwächen. Sie verteilen sich im Körper und stören das innere Gleichgewicht – wir geraten aus dem Lot.

Sich mit der Kraft der fünf Sinne ins Gleichgewicht zu bringen bedeutet deshalb, sich auf sich selbst zu *be*sinnen, die Tore der Seele zu öffnen und die des Alltags hinter sich zu schließen. Nur so können wir wieder Kraft aus uns selbst schöpfen, um das Leben als einen Strom des Glücks und der Zufriedenheit zu erleben.

Unsere Sinne – Tore zur Seele

FARBEN WIE EIN RAUSCHENDES FEST

Die Farben des Wassermann sind die Farben einer rauschenden Ballnacht im Karneval von Venedig: das Violett und Purpur der prunkvollen Kostüme, leuchtendes Orange von üppigen Federn und das Funkeln der mit Silber und Strass besetzten Masken.

DIE FARBEN DES WASSERMANNS SIND:
40 % Violett
40 % Orange
20 % Silber

Um die richtige Wassermann-Qualität zu erzielen, kommt es auf das richtige Mischungsverhältnis der Farben untereinander an: Die Prozentangaben sollen Ihnen einen Eindruck von der Gewichtung der einzelnen Farben geben.

Violett ist eine seltene Farbe in der Natur. Weil die Herstellung von Purpur so unglaublich aufwändig und teuer war, gilt es auch heute noch als die Farbe der Extravaganz. Violett ist einerseits die Farbe der Religiosität in den christlichen Kirchen. Andererseits ordnen viele Menschen der Eitelkeit die Farbe Violett zu. Sie fällt auf und wirkt fast aufdringlich auf uns. Violett ist eine zwiespältige Farbe. Sie verbindet die niederen Gefilde menschlicher Schwächen mit denen der höchsten von Glaube und geistiger Erkenntnis. Für den Wassermann ist Violett daher die Stammfarbe, denn sie drückt sein zwiespältiges Gefühl aus, irgendwo zwischen Himmel und Erde, zwischen Ideal und Wirklichkeit zu hängen.

Orange Die Farbe Orange wird überall mit der gleichnamigen Frucht assoziiert. Sie wirkt erfrischend und weckt die Erinnerung an Süße. Orange ist hell, ohne grell zu wirken, ist warm, aber nie drückend heiß: die ideale Farbe für Körper und Geist. Orange ist die Farbe des Vergnügens und der Lebensfreude und strahlt Energie aus. Orange ist die zweite Wassermann-Farbe und ergänzt die etwas kühle Unentschiedenheit von Violett mit der Freude an Licht und Leben, welche die Menschen in den immer länger und wärmer werdenden Tagen des Wassermanns nach draußen treibt. In Orange drückt sich der Wunsch aus, ungeachtet dessen, was da kommen mag, den Umbruch willkommen zu heißen.

Silber „Reden ist Silber – Schweigen ist Gold" – und da das Reden dem Wassermann eher liegt, als nichts zu sagen, entspricht ihm auch die Farbe Silber. Dennoch ist Silber keine „laute" Farbe, sondern entspricht intellektueller Zurückhaltung und Höflichkeit. So galt Silber schon immer als Farbe der Intelligenz. Wenn wir an den „Silberpfeil" denken, lernen wir auch die schnelle Seite dieser Farbe kennen, und ein „silbernes Lachen" klingt für uns hell und klar und voller Bewegung. Für den Wassermann ist Silber eine Farbe, die seine Gedanken beweglich hält. Zusammen mit Violett und Orange bekommt Silber zusätzlich noch eine sehr künstliche Nuance: Alle drei Farben erscheinen in dieser Kombination eher unnatürlich – auch dies „typisch Wassermann", dessen Wunsch nach Überwindung der Materie und der Natur so zum Ausdruck kommt.

FARBEN IN DER UMGEBUNG

Wer sich mit Gegenständen und Accessoires aus der Palette der Wassermann-Farben umgibt, wird schon bald die entsprechende Stimmung

spüren. Dies können Bilder oder Poster an der Wand sein, aber auch eine kleine Skulptur auf dem Nachttisch, der Briefbeschwerer auf dem Schreibtisch, der Türkranz, eine Schale mit bunten Steinen, ein Blumenstrauß oder andere Dekorationsstücke, die Ihnen gefallen. Achten Sie bei der Wahl darauf, dass die *Farben* des Gegenstandes das Hauptaugenmerk auf sich ziehen und nicht so sehr seine Form oder sein Inhalt – und stellen Sie ihn an einer augenfälligen

Stelle des Zimmers auf, in dem Sie die entsprechende Atmosphäre erzeugen wollen, sodass Sie ihn, sooft Sie wollen, ansehen können.

FARBEN IN IHRER KLEIDUNG

Es ist kein Geheimnis, dass die Farben unserer Kleidung unser Verhältnis zur Umwelt prägen und damit unser Verhalten und die Stimmungen in unserer Umwelt beeinflussen können. Wenn Sie im Sinne Ihres Tierkreiszeichens Einfluss nehmen möchten, wählen Sie entweder gezielt eine Hose, eine Bluse, einen Rock oder einen Schal usw. in den entsprechenden Farben aus. Achten Sie dabei ganz besonders auf das prozentuale Verhältnis: Farben, die nicht so dominant in Erscheinung treten sollen, sind besser geeignet für Accessoires und Schmuckstücke, zum Beispiel eine Kette, ein Armband oder ein Tuch, während die Hauptfarben den Grundton der Kleidung ausmachen können.

LICHTBAD

Nehmen Sie ein Lichtbad! Dazu besorgen Sie sich handelsübliche Farblampen in den gewünschten Farben – zumeist werden sie in den Grundfarben Gelb, Rot, Grün und Blau angeboten. Oder Sie nehmen eine normale Lampe und bringen an ihr einen Farbfilter, zum Beispiel eine Farbfolie, an. Dann wählen Sie sich einen Raum aus, in dem Sie eine Viertelstunde ungestört zubringen können. Diesen Raum tauchen Sie in farbiges Licht – entweder einfarbig oder auch mehrere Farben mit verschiedenen Lampen. Am besten sind Stehlampen geeignet, deren Lampenkopf Sie so drehen können, dass er Ihren ganzen Körper bestrahlt. Legen oder setzen Sie sich dann bequem hin, wenn Sie möchten auch ganz ohne Bekleidung, und entspannen Sie sich. Vielleicht wählen Sie dazu eine passende Musik oder ein Duftöl aus, um die Stimmung zu intensivieren.

ZUKUNFTSMUSIK

Musik ist in erster Linie Geschmacksache und deshalb ist es schwer, hier Empfehlungen auszusprechen, welche Musik einem Wassermann zusagen würde und welche nicht. Dennoch ist es nicht abwegig, von bestimmten Klangqualitäten zu sprechen, welche die typischen Eigenschaften des Wassermann widerspiegeln und deshalb die Wassermann-Persönlichkeit ansprechen und energetisch ins Lot bringen können. Was ist das Typische an Wassermann-Klängen? Am deutlichsten erkennen wir sie an ihrer Unberechenbarkeit. Sie tauchen plötzlich auf und verschwinden ebenso plötzlich. Sie sind voller Überraschungen, unvermuteter Wendungen. Immer sind sie für das Ohr gewöhnungsbedürftig und stellen unsere bisherigen Hörgewohnheiten gern infrage. Nicht selten verfremden sie das Bekannte, parodieren es und verzerren es bis zur Unkenntlichkeit. Und gerade deshalb besitzen sie die Faszination des Ungewöhnlichen und des Extravaganten.

KLÄNGE UND GERÄUSCHE

Das Quietschen der Kreide auf der Schultafel, das Pfeifen eines Wasserkessels, das Knistern elektrischer Funken, ein Blitz, ein zusammenbrechendes Haus, das Schrillen einer Alarmglocke, das Aufheulen einer Sirene, eine Explosion, ein Schuss, das Knallen einer vom Winde zugeschlagenen Türe, der Zusammenprall zweier Autos – viele eher unangenehme Geräusche gehören der Klangwelt des Wassermanns an. Doch gerade dies ist ja ihre Funktion: Sie wollen uns aus dem Trott des Alltäglichen herausreißen und uns aufrütteln. Vor allem technische, künstliche Geräusche entsprechen dem Wesen des Wassermanns, etwa die verzerrte Stimme des Computers in Science-Fiction-Filmen, das Fiepen und Biepen von Elektronengehirnen, überhaupt eine Klangkulisse wie Raumschiff Enterprise.

INSTRUMENTE UND MUSIK

Auch in der Musik kann es dem Wesen des Wassermanns nach nicht avantgardistisch genug sein. Er fühlt sich angezogen von Klängen, die ihrer Zeit voraus sind – und das ist natürlich von Epoche zu Epoche ver-

Unsere Sinne – Tore zur Seele

schieden. Allgemein entspricht vieles, was unter dem Begriff zeitgenössische Musik zusammengefasst wird, dem Wassermann, insbesondere solche Musik, die als experimentell bezeichnet werden kann, zum Beispiel die Synthesizer-Musik eines Karl-Heinz Stockhausen, die Zufallsmusik und die musikalischen Collagen eines John Cage, die mit Geräuschen von alltäglichen Gegenständen versetzte Musik eines György Ligeti. In der Popmusik sind es ansonsten durchweg Ausnahmepersönlichkeiten, die das Bild bestimmen: Sie ragen durch eine unverwechselbare Stimme, ungewöhnliche Arrangements und/oder durch extravagante Auftritte aus dem Mainstream heraus. Dazu gehören Künstler wie Meredith Monk, Kate Bush, Björk, Laurie Anderson, David Bowie, David Byrne und Brian Eno, Frank Zappa, King Crimson. Nicht zuletzt gehören auch die psychedelischen Klänge von Pink Floyd, die ganze Glamrock-Ära mit Gruppen wie Roxy Music und T-Rex und der industriell angehauchte Sound von Bands wie Depeche Mode dazu.

EIN HAUCH VON EXTRAVAGANZ

Wenn wir den Wassermann fragen, was sein aktuell liebster Duft sei, so wird er uns aller Wahrscheinlichkeit nach ein Parfum nennen, von dem wir nie zuvor gehört haben. Ob es sich dabei um den speziellen Import

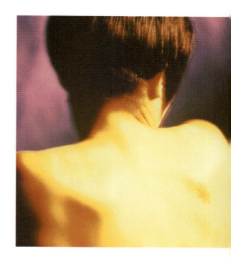

eines Duftes handelt, der bei uns noch gar nicht auf den Markt gekommen ist, oder um ein Produkt, von dem wir glaubten, es sei schon längst vom Markt genommen – dem Wassermann geht es in der Hauptsache darum, nicht so zu riechen wie die anderen. Auch hier legt er Wert auf das Exklusive, Ungewöhnliche und Einzigartige. Daneben lässt sich ein gewisses Faible für flüchtige und leicht künstlich wirkende Nuancen nicht abstreiten – aber freilich nur so lange, wie niemand anders auf denselben Geschmack gekommen ist …

RÄUCHERMISCHUNG FÜR DEN WASSERMANN

2 TL Dammar – Dammar heißt auf Malaiisch „Licht" und ist besonders gut geeignet, die Basisnote einer Wassermann-Räucherung zu bilden: Der feine zitronig-frische Duft belebt die Sinne und erhellt das Gemüt. Die Gedanken klären sich und Leichtigkeit stellt sich ein.

1 TL Mastix – Mastix erfrischt die Luft und vertreibt dunkle Gedanken-Wolken im Nu. Wo duftender Mastix verbrennt, werden Visionen hell und deutlich.

1 TL Weihrauch – Weihrauch ist eines der bedeutendsten und heiligsten Räucherwerke überhaupt. Sein erhabener Duft umfasst das gesamte

Spektrum des menschlichen Seins – vom körperlichen bis hin zum religiös-spirituellen Aspekt.

1 TL Myrrhe – Der Duft der Myrrhe ist herb-scharf und stark harzig. Sie verleiht der Räuchermischung eine stimulierende und zugleich Gedanken klärende Grundlage.

1 TL Eichenrinde – Der warme, würzige Holzduft der Eichenrinde steht für den irdischen Aspekt des Wassermanns und hilft ihm, seinen Visionen konkrete Gestalt zu verleihen.

1/2 TL Kampfer – Kampfer ist reiner Geist – er befreit von allem Irdischen und vertreibt kompromisslos jede negative Schwingung im Raum.

AROMAÖLE

Auch die beliebten Duftöle, die in speziellen Gefäßen, am besten aus Keramik, auf Wasser geträufelt werden, das erwärmt wird und die Öle verdunsten lässt, erwecken die Welt der Wassermann-Düfte zum Leben; ganz nebenbei erfordern sie einen geringeren Aufwand. Daneben lassen sich viele Öle auch anders einsetzen: als Raumerfrischer, als Massageölzusatz oder als Badezusatz.

Tipps im Umgang mit Aromaölen
- Bringen Sie niemals das reine Öl mit der Haut in Kontakt. Wenn Sie zu Allergien neigen oder eine empfindliche Haut haben, testen Sie zuerst in der Armbeuge, ob Sie das Öl vertragen. Tupfen Sie sich ganz wenig in die Armbeuge:

Sobald sich eine Rötung abzeichnet oder eine andere Hautreaktion einstellt, verzichten Sie auf dieses Öl!
- Verwenden Sie immer beste, naturreine ätherische Öle!

Aromalampe Geben Sie 5 bis 15 Tropfen eines Öls oder einer Mischung in eine Aromalampe. Beginnen Sie zunächst vorsichtig mit kleineren Dosen, die Sie dann bei Bedarf steigern können.

Badezusatz Lösen Sie 4 bis 6 Tropfen des ätherischen Öls in etwa 4 Esslöffel Akazienhonig oder Sahne auf und geben es dem Badewasser zu.

Körperöl, Massageöl Mischen Sie 100 ml eines hochwertigen, kaltgepressten Pflanzenöls (am besten Jojobaöl, Olivenöl oder Hanföl) mit 30 bis 40 Tropfen des ätherischen Öls. Vermengen Sie das Ganze durch kräftiges Schütteln und lassen Sie die Mischung 2 bis 3 Wochen reifen.

DUFTÖLE
Die hier ausgewählten Duftöle haben eines gemeinsam: Sie schaffen eine Verbindung zwischen Geist und Körper und stimulieren so auf sanfte Art und Weise die besten Seiten des Wassermanns.

Unsere Sinne – Tore zur Seele

Citronellaöl Citronella macht müde Geister munter – dieses Öl belebt bei Antriebslosigkeit und Missmutigkeit und stärkt die Fähigkeit des Wassermanns, alte Muster aufzugeben, um sich voller Tatendrang dem Neuen zu öffnen und sich von seiner verrückten Seite zu zeigen.
- **Citronella ist „cool" – es hilft, sich gelassener zu fühlen, ohne schlapp zu werden.**

Immortelleöl Das Kontrastprogramm für den Wassermann: Immortelle. Dieser Duft hilft ihm mit den Füßen auf der Erde zu bleiben, wenn er mit dem Kopf in den Wolken hängt! Es erdet und verschafft einen sicheren Stand in der Wirklichkeit. Ideen werden realistischer und können besser umgesetzt werden.
- **Kombinieren Sie Immortelle mit Zitrusdüften oder Lavendel!**

Pfefferminzeöl Der Duft der Pfefferminze bringt Klarheit in verfahrene Situationen. Wenn alles zu kompliziert wird und wir uns in unseren Gedanken verrennen, löst sie den gordischen Knoten in unserem Kopf. Mithilfe dieses Öls wird der Himmel wieder weit und die Gedanken frei!
- **Pfefferminzöl ist auch hervorragend geeignet, um Mixgetränke und Desserts den Frische-Kick zu verleihen.**
- **Ideal bei Kopfschmerzen und zur Erfrischung bei kopflastiger Arbeit!**

Pimentbeerenöl Das Öl der Pimentbeere befreit uns von dem Glauben, nichts verändern zu können. Es motiviert uns dazu, unser Leben selbst in die Hand zu nehmen und unsere Visionen Wirklichkeit werden zu lassen.

- Mischen Sie auf 50 ml Arnikaöl 10 Tropfen Pimentbeerenöl, 3 Tropfen Muskatnussöl, 3 Tropfen Ingweröl und 1 Tropfen Ylang-Ylang-Öl zu einem ganz besonderen Massage-Erlebnis-Öl!

Sellerieöl hilft nicht nur zu träumen, sondern die Träume auch zu leben. Dieser Duft stärkt die Erkenntnis, dass man sich nass machen muss, wenn man schwimmen möchte.

- Sellerie macht fröhlich – er gilt als „Pflanze des Lachens"!

ZWISCHEN EXOTIK UND ASTRONAUTENNAHRUNG

Nahrungsaufnahme – das ist für viele Wassermänner nicht gerade die Lieblingsbeschäftigung. Essen und Trinken erinnert sie zu sehr an die materiellen Seiten des Lebens, über denen sie doch so gerne stehen würden. Und so wird man schwerlich die Aufmerksamkeit des Wassermanns mit Hausmannskost gewinnen. Erst wenn das Besondere, das Exotische auf den Tisch kommt, wird der Wassermann sich gerne kulinarischen Genüssen hingeben. Selbst für das Künstliche hat so mancher Wassermann eine Schwäche entwickelt und so wundert es nicht, wenn Götterspeise und Gummibärchen auf seinem „Speiseplan" zu finden sind. Auch für so genannte Nahrungsergänzungsmittel in kompakter Pillenform haben Wassermänner ein Faible. Im Extremfall finden wir sogar Befürworter von Astronauten-Tubennahrung unter ihnen ...

OBST UND GEMÜSE

Unter den folgenden Gemüse- und Obstsorten finden sich solche, die ganz nach dem Geschmack des Wassermanns sind. Sie zeichnet entweder ein ungewöhnlicher Geschmack oder eine besondere Zubereitung aus.

Cherimoya Unter Feinschmeckern hat es sich herumgesprochen: Die Cherimoya, auch Rahmapfel genannt, ist die Königin aller Tropenfrüchte! Sie kommt zu uns vor allem aus den kühleren Höhenlagen der Anden und wurde dort bereits in prähistorischer Zeit gegessen. Ihr Geschmack ist ein ganz besonderes Erlebnis: süß und sahnig, wie Erdbeere, Himbeere und Birne zugleich, mit einem Extra-Hauch von Zimt. Cherimoyas enthalten viel Traubenzucker und sind deshalb schnelle Energiespender.

Durian An der Frucht des Durian-Baumes scheiden sich die Geister: Für die einen ist die Durian-Frucht das höchste der Genüsse, für die anderen eine Beleidigung der Nase. Tatsächlich erinnert ihr Geruch an eine

Mischung aus fauligem Fleisch, Käse und verfaulten Eiern. Doch wer sich auf die essbaren Bestandteile der Durian konzentriert (nicht das Fruchtfleisch, sondern die Kerne samt Samenmantel), für den wird sie zu einem unvergleichlichen Geschmackserlebnis: eine außergewöhnliche Mischung aus Mandeln, Knoblauch und Vanille.

Sauerkraut Vielleicht ist Sauerkraut das einzige Lebensmittel, bei dem es dem Menschen gelungen ist, die Natur zu verbessern – allein deshalb ist es schon ein echtes Wassermann-Gemüse! Traditionell aus fermentiertem Weißkohl zubereitet, war es vor allem im Winter ein bedeutender Nährstofflieferant in ländlichen Gebieten. Besonders hervorzuheben ist sein hoher Anteil an Vitamin B 12, das für geistige Frische, Belastbarkeit bei Stress und allgemein zur Aktivierung des Nervenstoffwechsels unverzichtbar ist. Aber auch die Anzahl anderer Biostoffe ist außergewöhnlich und macht Sauerkraut zu einem wahren Born der Gesundheit!

GEWÜRZE UND KRÄUTER

Je origineller, desto besser – diese Devise gilt auch für die Gewürze und Kräuter des Wassermanns. Wie schon bei Obst und Gemüse finden wir hier eher Ungewöhnliches

Unsere Sinne – Tore zur Seele

und Exotisches und solches, das erst durch die Hand des Menschen seinen wahren Charakter entfaltet.

Damiana, botanisch *Turnera diffusa*, ist ein meist gelb blühender Strauch, dessen getrocknete Blätter schon bei den amerikanischen Ureinwohnern als Aphrodisiakum galten und ebenso als Heilmittel gegen Atemwegserkrankungen, Migräne, Bauchschmerzen und bei Nervosität eingesetzt wurden. Damiana ist hervorragend als Tee zur abendlichen Entspannung geeignet: Man nehme 1 Teelöffel des Krautes pro Tasse, überbrühe ihn mit siedendem Wasser und lasse das Ganze fünf bis zehn Minuten vor dem Abseien ziehen. Eventuell mit Honig süßen.

- **Tipp: Mischen Sie Damiana mit Katzenminze und Sie erhalten einen leicht euphorisierenden Tee!**

Mate Seit frühester Zeit werden die Blätter des immergrünen Matestrauches von den Indios als magischer Trank gegen Hitze, Hunger und Erschöpfung geschätzt. Mithilfe einer Bombilla, einem metallischem Siebröhrchen, wird der heiße Mate aus ausgehöhlten Flaschenkürbissen gesaugt, den Mates. Im Gegensatz zu den anderen Kräutertees enthält Mate zwar Koffein, allerdings viel weniger als Schwarztee. Für den vollen, herb-rauchigen Geschmack kochen Sie die Blätter nicht, sondern übergießen sie nur mit siedendem Wasser. Mate regt das zentrale Nervensystem an und fördert die Verdauung.

Kapern Die Blütenknospen des Kapernstrauches werden unmittelbar vor dem Erblühen in den frühen Morgenstunden geerntet und dann in Öl, Salzlake oder Essig eingelegt. Im Geruch sind sie würzig-säuerlich, im Geschmack herb-scharf. Aus den Küchen des Mittelmeeres sind Kapern nicht mehr wegzudenken, insbesondere italienische Gerichte werden mit ihnen verfeinert, aber auch die heimischen Königsberger Klopse! Bei der Verwendung von Kapern ist jedoch zu beachten, dass ihr empfindliches Aroma kein längeres Kochen verträgt.

- Der besondere Tipp: selbst gemachte „Kapern". Eine Hand voll Gänseblümchenknospen 24 Stunden in Salzwasser einlegen, mit heißem Wasser abspülen, in ein Einmachglas füllen und mit einem halben Liter Obstessig übergießen. Fest verschließen und 2 Wochen stehen lassen.

ZWISCHEN ANNÄHERUNG UND VERMEIDUNG

Wassermänner hängen gerne mit dem Kopf in den Wolken und verlieren dabei nicht selten den Kontakt zum Boden. Von allen Zeichen tun sie sich wahrscheinlich mit der körperlichen Nähe am schwersten, weil sie sich eigentlich von den Fesseln des Materiellen befreien wollen. Dabei haben sie an sich kein Problem, sich anderen Menschen zuzuwenden – solange ein gewisser Abstand gewahrt bleibt. Paradoxerweise suchen viele Wassermänner zunächst die Nähe, weil sie sich von allem Neuen und Unbekannten angezogen fühlen. Doch ist es einmal so weit, kehrt sich das anfängliche Interesse abrupt ins Gegenteil um: Der Wassermann sucht das Weite – sehr zur Verwunderung seiner Umwelt. Doch damit nicht genug: Sobald man ihn abgeschrieben hat, steht er schon wieder vor der Türe! In diesem Spannungsfeld zwischen Annäherung und Vermeidung erlebt sich der Wassermann als ein empfindsames Wesen, das nicht mit und nicht ohne die anderen Menschen kann.

NICHT MIT UND NICHT OHNE
Dieses Dilemma lässt sich nicht ohne weiteres auflösen, denn es ist ein wesentlicher Bestandteil des wassermännischen Charakters, der sich fortwährend zwischen Kopf und Bauch, Gefühl und Verstand, Körper und Geist, oben und unten hin und her gerissen fühlt: Das, was er will, kriegt er nicht, und das, was er kriegen kann, will er nicht. Der Wassermann will etwas Besonderes sein, aber er will es nicht nur für sich alleine sein. Und das bedingt Kontakt zu anderen Menschen. Irgendwie muss es dem Wassermann im Laufe seines Lebens gelingen, diese beiden widerstrebenden Bedürfnisse unter einen Hut zu bringen. Interessanterweise werden es nicht die flüchtigen, spontanen Begegnungen im Leben sein, die den nachhaltigsten Effekt auf den Wassermann haben, sondern die dauerhaften Bindungen an Menschen. Vertrauen ist das Stichwort: Dort, wo der Wassermann spürt, dass er so angenommen wird, wie er ist,

und er sich für niemanden verbiegen muss, wird er bereit sein, seinen Widerspruchsgeist und sein zwiespältiges Verhältnis zu Körperkontakt aufzugeben.

VON SCHWINGUNGEN UND RESONANZEN
Einige moderne Therapieformen scheinen sich besonders gut auf die Bedürfnisse des Wassermanns abstimmen zu lassen und ihn stärker mit sich und seinem Körper in Einklang zu bringen. Die Magnettherapie ist eine uralte Therapieform, die heute wegen ihrer Nebenwirkungsfreiheit zunehmend in Vorsorge und Behandlung an Bedeutung gewinnt. Positive Effekte: Die Sauerstoffversorgung der Zellen und die Durchblutung des Gewebes werden verbessert, der Wasserhaushalt im Körper wird aktiviert und elektrische Ladungen in den Nervenbahnen werden in Bewegung gebracht. Dadurch steht jeder Zelle des Körpers mehr Energie zur Verfügung, um sich zu regenerieren und ihre Aufgaben zu erfüllen. Vor allem Geräte mit pulsierenden Magnetfeldern scheinen dem Wesen des Wassermanns zu entsprechen. In diesem modernen physikalischen Verfahren durchfluten niederfrequente elektromagnetische Schwingungen den Körper, wobei sich das Magnetfeld permanent ändert. Die Anti-Stress-Wirkung steigert die körperliche und geistige Leistungsfähigkeit, stabilisiert den Kreislauf und fördert die Durchblutung.

Unsere Sinne – Tore zur Seele

HEILSTEINE

Heilsteine bieten eine besondere Form, fühlenderweise mit den Energien in Kontakt zu kommen, die Sie als Ausgleich benötigen. Dabei gibt es in der Regel nicht den *einen* Stein, der alle notwendigen Energien zur Verfügung stellt, sondern in Form, Farbe und Wirkung ganz unterschiedliche Minerale, die je nach aktuellem Bedürfnis zum Einsatz kommen können. Folgende Mineralien sind für den Wassermann empfehlenswert:

Hornblendeschiefer Dieses bizarre Mineral ist der ideale Stein, um Gegensätzliches miteinander zu verbinden. Er hilft dem Wassermann, alle Facetten des Lebens gleichermaßen zu würdigen und so innere Zerrissenheit zu lösen, ohne die Vielfalt in der Welt zu leugnen.

Anhydrit wird häufig auch Angelit – der „Stein der Engel" – genannt. Er stellt eine stabile Verbindung zwischen Himmel und Erde her. Deshalb ist er für den Wassermann interessant, um nicht den Boden unter den Füßen zu verlieren und zu sehr in seine Gedankenwelt „abzuheben".

Koralle Vielleicht ist die Koralle der Wassermann-Stein schlechthin. Von rot über rosa bis weiß – die verästelnden Strukturen sind eigentlich die Skelette von Polypen. Koralle stärkt neben der Individualität auch das Bewusstsein dafür, die eigene Einzigartigkeit sinnvoll im sozialen Ganzen einzusetzen.

Meteorit Meteore – Steine, die vom Himmel fallen. Dieses seltenen, außerirdischen Gesteinssplitter aus Eisen oder Stein stehen für die ungewöhnliche, überraschende Seite im Wassermann.

Rutilquarz ist ein Bergkristall mit eingeschlossenen goldgelben, faserartigen Gebilden aus Rutil. Dieser Stein gibt Hoffnung und stärkt die Visionen für eine bessere Zukunft. Er steht für den freiheitsliebenden Aspekt des Wassermanns und sein Streben nach einer gerechteren Welt.

Weitere Heilsteine für den Wassermann Achate, Covellin, Sodalith, Sphalerit, Indigolith sind weitere Steine, die als Heilsteine gelten, weil sie positive Energien auf die Wassermann-Persönlichkeit übertragen.

Steinformen Bei der Wahl der Heilsteine sollten Sie auch die Form berücksichtigen, denn sie verändert die Energie des Steins. Sofern es der Stein erlaubt, sollten Sie Trommelsteine bevorzugen, denn die Formen, die hier entstanden sind, wurden durch die innere Struktur des Steins bestimmt und bringen daher verborgene Qualitäten zutage. Lassen Sie sich von der Form des Steins inspirieren!
Auch anderen Steinen kann durch ihre natürliche Form Wassermann-Qualität innewohnen oder sogar durch speziellen Schliff verliehen werden. Diese Formen sind: Ellipse, Oval, Zickzack, Blitz, C-Form, Stern, bizarre Formen.

Unsere Sinne – Tore zur Seele

DIE PHILOSOPHIE DES STILBRUCHS –
DIE WOHNUNG DES WASSERMANNS

Unsere Zuhause ist der Ort unseres Rückzuges. Jeder Mensch braucht das Gefühl, die Tür hinter sich zuziehen zu können und die Außenwelt draußen zu lassen. Für den Wassermann sollte das Zuhause neben allen praktischen Erfordernissen auch Qualitäten aufweisen, die seinen speziellen Wohlfühlbedürfnissen entsprechen.

SO WOHNT DER WASSERMANN

Für den Wassermann ist die Wohnung Ausdruck seines Bedürfnisses nach Originalität. Sie ist kein gewöhnlicher Rückzugsort, sondern Quelle unzähliger Inspirationen: Der Wassermann braucht das Widersprüchliche, das Unkonventionelle, das Provokante. Wo er kann, erzeugt er Brüche im Stil, überschreitet Grenzen – und mit Vorliebe die des so genannten „guten Geschmacks". Als Gast spürt man deutlich, dass der Wassermann stets am Puls der Zeit lebt – doch nur um bestehende Trends kritisch zu hinterfragen.

EINRICHTUNGSTIPPS
Die Einrichtung des Wassermanns sollte deshalb ...
... Raum lassen für Experimente: Als Freigeist braucht der Wassermann Raum, um seine Originalität ungehindert entfalten zu können.

... wandelbar und flexibel sein: keine Einbauschränke, keine fest verlegten Teppiche usw.! Der Wassermann braucht die Chance, es sich jederzeit anders überlegen zu können.

... in ein tolerantes Umfeld eingebettet sein: Szeneviertel statt Reihenhausidylle – Multikulti statt Einheitsbrei.

DEKOTIPPS

Generell gilt: Alles ist möglich. Hauptsache, es ist nicht banal. Der Wassermann verfolgt eine Ästhetik der Provokation. Dekoration darf sich nicht eingliedern, sondern muss unter allen Umständen ins Auge stechen. Es muss nicht immer modernstes Design sein – er liebt vielmehr die Kombination: Die Blumentapete aus den Siebzigerjahren beißt sich mit dem Schottenkarobezug des Sessels, auf dem ein weiß-blaues Bayernkissen liegt mit dem Konterfei König Ludwig II. So geht es mit allen Dekorationsstücken: Sobald sie „in" sind, sind sie für den Wassermann längst „out" und er sieht sich nach neuen Ideen um.

Farbe Treiben Sie's bunt – am besten zu bunt! Der Wassermann kombiniert Farben willkürlich und hält sich dabei an keine Vorschriften. Ob Komplementärfarben oder Ton in Ton, ob Pastell oder Neonfarben – der Wassermann will nicht, dass es passt, sondern dass es irritiert.

Form Unstete Formen faszinieren den Wassermann. Ob die bizarren Verästelungen eines Blitzes, das Zickzackmuster oder einfach ein wirrer Mix – je exzentrischer die Gestalt, umso besser. Doch sollte man sich nicht darauf verlassen: Schon im nächsten Moment bewundert er die in sich ruhende Kraft einer glatt polierten Kugel.

Material Der Mix macht's! Wichtiger als die Frage, welche Materialien eingesetzt werden, ist dem Wassermann, wie er sie möglichst unkonventionell kombinieren kann. Lassen Sie Ihrer Fantasie freien Lauf – es gibt keine Beschränkungen: Kunststoff, Glas, Wolle, Holz, Beton, Korb, Aluminium, Porzellan – trashig neben edel, Kitsch neben Kunst.

Motive Zu einem ansprechenden Ambiente gehören auch die richtigen Motive für Bilder und Accessoires. So könnte zum Beispiel über dem Küchentisch das Poster einer Industrielandschaft oder eines Jumbojets hängen, Hauptsache das Motiv verweist nicht eindimensional auf die Themen Küche und Nahrung, wie es zu erwarten wäre. Eine bevorzugte Stilrichtung in der Malerei lässt sich dem Wassermann ebenso wenig nachweisen wie eine Vorliebe für ein bestimmtes Motiv. Allerdings lässt sich ein gewisses Faible für das Surreale nicht abstreiten: So ist die Wahrscheinlichkeit groß, bei ihm auf Gemälde von Salvador Dali und René Magritte oder auf Plastiken von Max Ernst zu stoßen, natürlich nur, so lange es noch originell ist.

DIE WOHLFÜHL-OASE: ÜBER DEN WOLKEN

Die Wohlfühl-Oase ist ein eigener Bereich in der Wohnung, in dem sich der Wassermann ganz gezielt auf die Begegnung mit den Energien seines Zeichens einlassen kann. Dort findet er die Muße, über sich zu reflektieren und Kraft für den Alltag zu tanken. Ob dafür ein eigener Raum zur Verfügung steht oder ob es sich nur um einen kleinen Winkel in einem Zimmer handelt – an diesem Ort sollte der Wassermann ganz für sich und ungestört sein können. Die folgenden Anregungen können selbstverständlich an die eigenen Wünsche und Fantasien angepasst werden. Grundsätzlich gilt: Alles ist erlaubt, was Ihnen zum Thema „Über den Wolken" einfällt! Ein Himmelbett als Oase der Träume. Weiß glänzende, kuschelige Kissen in unterschiedlichen Formen und Größen überfluten das Bett. Darüber nichts als der strahlend blaue Himmel, ein großes blaues, seidiges Tuch. Zum restlichen Raum hin könnte ein Vorhang aus an Nylonfäden aufgereihten Wattebäuschchen die Oase abgrenzen. Dorthin zieht sich der Wassermann zurück, um seinen Gedanken Flügel zu verleihen. Die geeignete Lektüre: *Perry Rhodan* oder *Alice im Wunderland*. Eine mit geschliffenem Glas behängte Tischlampe verbreitet glitzerndes Licht. Schön auch: eine Diskokugel, deren gebrochenes Licht tanzende Sterne über die Oase streut.

VIERTES KAPITEL

Der Wassermann und die anderen

Eine der häufigsten Fragen, die Astrologen gestellt wird, lautet: „Welches Sternzeichen passt denn nun zu meinem?" Man will wissen, ob die Liaison des Krebses mit dem Wassermann klappt oder ob ein Wassermann sich mit einer Waage den Arbeitsplatz teilen sollte.

WER PASST ZU WEM?

Wenn wir uns aber die Vielfalt an Beziehungen ansehen, wird jeder schnell feststellen, dass es da keine festen Regeln geben kann. Es ist aber nicht die Frage, *ob* zwei Tierkreiszeichen zusammenpassen, sondern *welche Qualität* beide verbindet! Gerade das macht die Einzigartigkeit einer Beziehung aus.

WASSERMANN UND WIDDER – AUFGABE KOMMUNIKATION
Hier trifft der Führungsdrang des Widders auf unverhofften Widerstand. Denn Wassermänner lassen sich zwar Vorschriften machen, jedoch nur um anschließend genau das Gegenteil zu tun. Wenn ein Widder unverblümt und geradlinig auf sie zu tritt, sind sie entwaffnet und oft schon durch diesen ersten Auftritt verliebt. Der Widder wiederum bewundert die Befehlsverweigerung des Wassermanns, denn auch er ordnet sich nicht gerne unter. Die Aussichten auf eine dauerhafte

Bindung sind gut, wenn sie einander mitzuteilen lernen. Gelingt die Kommunikation, steht einer erfüllten und äußerst anregenden Beziehung nichts im Wege.

WASSERMANN UND STIER – NICHT MIT DIR UND NICHT OHNE DICH

Der sinnliche Stier findet den Wassermann zu nachlässig in Liebesdingen. „Ich verkehre lieber auf geistiger Ebene", erwidert der Wassermann. Wenn der Wassermann dann wenigstens zu Hause bliebe, aber nein, sein Wassermann schätzt außerhäusliche Aktivitäten ja mehr. Bei aller Verschiedenheit haben die beiden eines gemeinsam: ihren Starrsinn. Und so kommt es, dass der Wassermann noch immer zu Hause ist und die beiden über „Zuhause" und „Nicht-Zuhause" diskutieren und am Ende versöhnen sie sich doch: Der Stier fühlt sich ja auch viel jünger, seit ihn der Wassermann auf Trab hält, und der Wassermann hat endlich gelernt, sich ein wenig zu organisieren.

WASSERMANN UND ZWILLINGE – LIEBE SPONTAN

Einer plötzlichen Idee wegen kann der Wassermann die gemeinsame Unternehmung verwerfen – und das in allerletzter Sekunde. Der Zwilling lässt sich dadurch nicht die Laune verderben und macht sich allein auf den Weg. Er kommt mit der etwas undiplomatischen, exzentrischen Art des Wassermanns gut zurecht und genießt es, dass seinem Freiheitsdrang endlich mal keine Schranken gesetzt werden. Der Wassermann würde stets die ebenso spontanen Unternehmungen des Zwillings eher begrüßen, als sie zu beschneiden. Beide kommen spontan gut miteinander aus.

WASSERMANN UND KREBS – EINEN VERSUCH WERT

Der Krebs ist launisch in seinen Gefühlen, der Wassermann in seinen Entschlüssen. Von einer Beziehung dieser wankelmütigen Zeichen wird oft abgeraten, doch kann der Wassermann am Beispiel des Krebses lernen, unmittelbar auf Gefühle zu reagieren und emotionalen Bedürfnissen gerecht zu werden. Der Wassermann wiederum lehrt den Krebs, unerwartete Probleme zu lösen, denn er ist derjenige, der intuitiv und unmittelbar handelt. Während sich der Wassermann sozusagen in seinem Inneren festigt, könnte der Krebs im Äußeren zu mehr Selbstsicherheit gelangen. Gründe genug, es gegen gut gemeinten Rat zu versuchen.

WASSERMANN UND LÖWE – GLÜCKLICHE TAGE

Den Löwen stört die Extravaganz des Wassermanns nicht und der Wassermann liebt die großspurige Art des Löwen. Hier kann jeder seine Besonderheiten ausleben. Der Wassermann liebt die Gelassenheit des Löwen, weil er selbst zur Hektik und Nervosität neigt. Auch dadurch lässt sich ein Löwe nicht irritieren. Was ihn allerdings aus dem Konzept bringen kann, ist die Veranlagung des Wassermanns zur Analyse. An schlechten Tagen kann sie sich bis zur Verbissenheit steigern und den Löwen verärgern. Doch sind die meisten Tage gute Tage, der Löwe verdaut die letzte Liebesnacht und der Wassermann zieht zufrieden Bilanz: alles wunderbar!

WASSERMANN UND JUNGFRAU – SPÄTES GLÜCK

Diese Verbindung braucht einige Zeit, ehe ihr Wert und ihre Besonderheit klar erkennbar werden. Jungfrau und Wassermann sind einander zunächst sehr fremd. Zwar sind beide geistige Zeichen, doch sie denken unterschiedlich. Die Jungfrau richtet alles nach der Nützlichkeit aus. Dem Wassermann hingegen liegt nichts an der Umsetzung, es sind die Gedanken selbst, die ihn faszinieren. So groß der Unterschied, so effektiv ist ihre Ergänzung: Der Wassermann kann bei der Jungfrau lernen, wie man sein Leben ökonomisch organisiert, die Jungfrau wird mutiger, gewinnt an Spontaneität.

WASSERMANN UND WAAGE – UNGEBUNDEN

Waage und Wassermann sind geistig rege und lieben es, über ihre Ideen zu sprechen, vor allem miteinander. In ihren Gesprächen darf alles Experiment bleiben, keiner zwingt den andren zu einer klaren Aussage, keiner muss einen festen Standpunkt beziehen. In dieser luftigen Atmosphäre fühlen sich beide wohl: die Waage, die charmant, mit einer berückenden Leichtigkeit in der Konversation brilliert; der Wassermann, der sich spielerisch jeder gesellschaftlichen Konvention zu entziehen weiß. Da sich beide nur ungern festlegen, führen sie eine möglichst offene Beziehung. Das heißt, sie gehen nur wenige verbindliche Verpflichtungen ein, sie binden sich nicht auf Dauer, sie kommen lieber immer wieder freiwillig zurück.

WASSERMANN UND SKORPION – BRÜCKEN BAUEN
Der Wassermann ist mal hier mal dort, er hat ein flatterhaftes Wesen. Der Skorpion liebt Extreme, nichts verdrießt ihn mehr als Einförmigkeit. Deshalb reizt ihn der Wassermann. Mit ihm gleicht kein Tag dem anderen. Doch kann das dem Skorpion auf Dauer nicht genügen. Er wird eine starke Bindung fordern, denn er braucht das Gefühl inniger Vertrautheit. Ist der Wassermann aber bereit, so viel zu geben? Kann er das überhaupt? Skorpion und Wassermann sollten sich vor allem Zeit lassen, denn sie kann vertrauensbildend wirken und eine freundschaftliche Basis schaffen, auf der sich die Liebenden behutsam näher kommen.

WASSERMANN UND SCHÜTZE – IMMER UNTERWEGS
Schütze und Wassermann gleichen sich in vielem: Sie sind beide begeisterungsfähig, optimistisch und dem Leben zugewandt. Als Paar trifft man sie überall, nur nicht zu Hause. Doch auch wenn beide

ihrem Naturell nach immer der Enge eines trauten Heimes entfliehen würden, sollten sie genau prüfen, ob ihr gemeinsamer Bewegungsdrang nicht auch einer Angst vor Nähe entspringt. Dann wäre er kaum mehr als ein Ablenkungsmanöver, um Situationen zu vermeiden, in denen man sich konzentriert und vorbehaltlos aufeinander einlassen müsste. Verhält es sich so, besteht die Gefahr, sich nicht wirklich kennen zu lernen und nur nebeneinander her zu leben, und das wäre schade für dieses sprühende Paar!

WASSERMANN UND STEINBOCK – WIDER WILLEN

Was geschieht, wenn die Lebenseinstellung, die man am meisten kritisiert, plötzlich in Person vor einem steht? Es kann sein, dass sich gerade Steinbock und Wassermann begegnet sind. Dem Steinbock sind unüberlegtes Handeln, Sprunghaftigkeit und „Hirngespinste" ein echtes Gräuel, der Wassermann sieht abschätzig auf Tugenden wie Ordnung, Disziplin und Prinzipientreue. Was, wenn sich diese beiden auch noch lieben? Es ist leicht gesagt, dass der eine doch vom anderen lernen soll, wenn man im Grunde einander eher abstößt. Steinbock und Wassermann werden aber vielleicht doch nicht gleich voreinander weglaufen, denn sie spüren eine große erotische Anziehungskraft. Ob sie es schaffen?

WASSERMANN UND WASSERMANN – IN AKTION

Diese beiden sind extrem unternehmungslustig. Hat der eine Wassermann eine Idee, stimmt der andere begeistert zu. Je außergewöhnlicher die Unternehmung ist, desto besser. Doch wie bei allen Beziehungen, die sich durch Wesensgleichheit auszeichnen, besteht die Gefahr der allzu großen Vertrautheit: Liebende werden so oft unversehens zu Freunden, Zärtlichkeit und Vertrauen treten an die Stelle von Erotik und Geschlechterkampf. Doch muss gerade das für zwei Wassermänner nicht die schlechteste Lösung sein. Ihnen ist Freundschaft ein hohes Ideal.

WASSERMANN UND FISCHE – WO DIE LIEBE HINFÄLLT

Diese beiden sind ihrem Wesen nach nicht nur unterschiedlich, sie sind gegensätzlich: Bewältigt der Fisch das Leben aus dem Gefühl, so der Wassermann mittels seiner Logik. Könnte man dem Fisch eine gewisse Schlaffheit nachsagen, so wäre das beim Wassermann eine nervöse Hektik. Der Wassermann ist gesellig, der Fisch auf sich zurückgezogen. Wassermann und Fisch sollten sich sehr bewusst füreinander entscheiden. Ihre Beziehung braucht Zeit. Sie erfordert eine Reife, die erst wachsen muss in der Bewältigung zahlreicher kleinerer wie größerer Konflikte.

SINN UND SINNLICHKEIT – DAS FEUER DER LEIDENSCHAFT WECKEN

Eine Frau ist süß, scharf oder heiß. Wenn sie sauer ist, ist das bitter. Er ist erste Sahne und wie er „Honey" sagt, musst du dir auf der Zunge zergehen lassen. Der hört sich nach was an! Ich könnt ihn auffressen! Die da ist knallhart, an der kannst du dir die Zähne ausbeißen, die wird nicht weich. An die würde ich mich erst rantasten. Wieso, die ist Wachs in meinen Händen. Ich kann den Typ nicht riechen. Der ist geschmacklos. Riechen, Schmecken? Ich seh rosarot!

GANZ BEI SINNEN

Alle fünf Sinne scheinen vollauf beschäftigt, wenn es um Liebe geht. Unserem Sprachgebrauch nach zu urteilen ist uns das ganz selbstverständlich. Aber wie bewusst setzen wir unsere Sinne in der Liebe ein? Wie sinnlich sind wir? Über unsere Sinne werden wir stimuliert und wenn wir verführen, wecken wir die Sinne eines anderen. Ziehen Sie dabei alle fünf Register? Konzentrieren wir uns auf unsere Sinnlichkeit, uns zur Freude! Sinnlichkeit heißt nichts anderes als empfänglich sein für Sinnengenuss: der Freude an der erotischen Lust. Tauchen wir unsere Sinne in einen Sinnenrausch: Sehen, Hören, Riechen, Schmecken, Tasten, ein Fest. Machen wir uns reich, schöpfen wir aus den Quellen unseres Leibes, provozieren wir die Sinne unseres Geliebten, verwirren und betören wir, baden wir in diesem irdischen Glück.

TOUCH ME!
Verwöhnen Sie sich, sensibilisieren Sie sich auf Berührung jeder Art: der stärkenverstellbare Duschkopf, das Bad mit prickelndem Schaum. Schließen Sie die Augen, konzentrieren Sie sich auf die Berührung des Wassers. Tragen Sie ein Hemd aus kühlem Satin oder fließender Seide und genießen Sie das Gleiten des Stoffes über die nackte Haut. Bürsten Sie Ihre Haare langsam und konzentriert, auch das kann wohlige Schauer erzeugen. Sind Sie erst sensibilisiert, entdecken Sie viele Berührungspunkte: den warmen Luftstrom beim Betreten eines Kaufhauses, das kurze Frösteln beim Griff in die Tiefkühltruhe ...

Und natürlich: Streicheln Sie sich! Mal nur mit den Fingernägeln, mal gleitend mit der ganzen Hand. Streicheln Sie Ihren Partner, fahren Sie über die empfindliche Kehle vorsichtig mit nur einem Finger, laufen Sie wie eine Spinne mit Ihren Fingerkuppen über seinen Körper, kneten oder massieren Sie ihn, und befolgen Sie dabei folgende Regeln: Sprechen Sie nicht, lassen Sie sich Zeit, wiederholen Sie eine bestimmte Berührungsart zehnmal, bevor Sie zur nächsten übergehen. So werden

Der Wassermann und die anderen

Spannungen abgebaut, die neuen Energien werden Ihr Liebesspiel beleben. Worauf warten Sie noch, Sie haben es in der Hand!

Sinnliches Massageöl für den Wassermann
Mischen Sie auf 50 ml Jojobaöl folgende Duftöle zu einem aphrodisierenden Wassermann-Massageöl: **6 Tropfen Sandelholzöl, 6 Tropfen Bergamotteöl, 3 Tropfen Kardamomöl, 2 Tropfen Patchouliöl, 1 Tropfen Muskatnussöl, 1 Tropfen Vetiveröl**

BETÖRENDE DÜFTE

„Wasche dich nicht – ich komme!" So soll Napoleon Bonaparte seiner Josephine die Heimkehr nach Paris angekündigt haben. Der Geruchssinn und Lust haben eine besonders enge Verbindung, und das schon im Tierreich: Auf der Suche nach einem neuen Partner spielen Sexuallockstoffe, so genannte Pheromone, eine wichtige Rolle: Jeder neue Partner wird erst mal ordentlich „beschnüffelt".

„Mich führt dein Duft zu zauberhaften Himmeln", schrieb der Dichter Charles Baudelaire und den Romancier Marcel Proust inspirierte eine jähe Erinnerung, die er beim Geruch von Madeleine-Gebäck bekam, zu Tausenden Seiten Literatur. Auch wir kennen das. Ein Duft zieht an uns vorüber und wir sind mit großer Intensität an etwas erinnert, vielleicht sogar an „zauberhafte Himmel" der Vergangenheit? Wir sind wie zurückversetzt, als wären wir noch einmal dort, in jener Zeit, an jener Brust. Gegenüber Empfindungen, die von Düften ausgelöst werden, sind wir wehrlos, wir sind ihnen ausgeliefert. Ziehen Sie den Umkehrschluss! Verwenden Sie in Liebesnächten immer dasselbe, das besondere Parfum. Aber einmal tragen Sie es tagsüber, zum Beispiel wenn Sie mit Ihrem Liebsten eine Ausstellung besuchen. Woran er wohl denkt? Er wird an zu Hause denken und Sie möglichst schnell dorthin zurückbringen.

Sinnlicher Duft für den Wassermann Geben Sie diese erotische Komposition für eine aufregende Wassermann-Nacht in die Aromalampe: **3 Tropfen Ylang-Ylang-Öl, 3 Tropfen Palmarosaöl, 3 Tropfen Limetteöl, 2 Tropfen Vanilleöl**

DER AUGENBLICK

Wir flirten zu wenig! Denken Sie daran, dass unsere Sinne Freude bringen. Sie sitzen im Café und eigentlich gefällt Ihnen der Herr da hinten doch. Sie haben einen Freund? Es ist ja nur ein Augenspiel. Na also, er hat zu Ihnen herübergesehen, er hat gelächelt, eine Andeutung von einem Lächeln. Und Sie? Ihre Augen haben sich sofort auf Ihren Eisbecher gerettet. Sie hätten doch einen scheuen Blick wagen können. Er sitzt dort schließlich mit einem Kollegen und wird nicht gleich aufstehen und Sie fressen. Na also, es geht doch. Natürlich wird es Ihnen jetzt ganz warm, Sie haben etwas Aufregendes zugelassen, aber ist das nicht herrlich? Seine Augen sagen Ihnen, Sie sind begehrenswert. Schon drei Uhr! Sie müssen gehen und spüren noch, wie sein Blick an Ihnen hängen bleibt. Ob Sie sich noch einmal umdrehen? Jedenfalls, wenn Sie um die Ecke sind, ist Ihnen zum Lachen zumute, die Schaufensterscheibe zeigt Ihnen eine schöne Frau.

Sinnlicher Augenschmaus für den Wassermann Das ideale Liebeslager für den Wassermann ist ein eigenes Spielzimmer. Hier sollte alles ringsherum bereitliegen: Kleider und Dessous zum genussvollen An- und Ausziehen, Kerzen, Spiegel, erotische Kurzgeschichten, erotische Comics, schlüpfrige Bildbände, seidige Bettüberwürfe und Sex-Toys – ganz Lust und Laune! Wassermänner lieben die Verwandlung und das Spiel und hier, auf Ihrem Liebeslager können Sie und Ihr Partner alles ausprobieren: spontan, zärtlich, eigenwillig, waghalsig und mit dem tiefen Ernst des Spiels.

KOSTE MICH!

Jeder Mensch schmeckt anders, in einem Kuss teilen wir eine große Intimität. Lassen Sie sich Zeit, vor allem für den ersten Kuss. Befeuchten Sie mit der Zunge Ihre eigenen Lippen. Sie verraten damit Gedanken, die sich nicht aussprechen lassen. Flirten Sie mit den Lippen. Kleine

Küsse und vor allem der zarte Liebesbiss sind der Vorgeschmack auf höchste Lust. Der Zungenkuss ist unser Mahl, leidenschaftlich und delikat. Ganz auskosten sollten Sie ihn nur im Zustand höchster Erregung. Und gehen Sie auf Wanderschaft, Ihr Partner schmeckt überall anders.

Sinnlicher Genuss für einen Wassermann-Abend zu zweit Genießen Sie für einen sinnlichen Abend zu zweit einen Salat der grünen Papaya: **1 kleinere Papaya (ca. 300 g), 2 Knoblauchzehen, 3 frische Chilischoten, 1 Tomate, 25 g getrocknete Shrimps, 25 g geröstete gesalzene Erdnüsse, 3 TL Fischsoße, 3 TL Zucker, 2 EL Limettensaft**

Papaya schälen und der Länge nach halbieren. Kerne mit einem Löffel herauskratzen und Fruchtfleisch in feine Streifen raspeln. Knoblauch mit 2 Chilischoten, getrocknete Shrimps und Erdnüsse in einen Mörser geben und grob zerstoßen. Papayastreifen nach und nach in den Mörser geben und vorsichtig zerstoßen. Tomatenachtel, Fischsoße, Zucker und Limettensaft hinzugeben. Tomaten leicht zerdrücken und alles gut durchmischen. Auf einem Teller anrichten, die übrige Chilischote längs mehrmals einschneiden und als Chiliblume dekorieren.

Tipp: Verwenden Sie unreife grüne Papayas. Wenn Sie keinen Mörser besitzen, nehmen Sie eine Schüssel und zerkleinern Sie die fein geraspelten Papayastreifen mit einem Weißkohlstampfer.

VOM SCHNURREN UND GURREN
Er hat eine männliche, weiche Stimme? Rufen Sie ihn an – und Augen zu! Lassen Sie seine Stimme für einen Augenblick Welt werden. Oder fordern Sie ihn auf, Ihnen etwas ins Ohr zu flüstern, auch dann ist seine Stimme nah. Wenn er wohlig knurrt und Sie das erregt, reagieren Sie prompt auf dieses Geräusch. Wenn er merkt, was er damit bewirken kann, wird er diesen Laut in sein Repertoire aufnehmen, Sie beide werden sein Knurren mit immer neuen Inhalten füllen, je nach Variation. Und nun zu Ihnen: Wissen Sie eigentlich, was Ihre Stimme macht? Wenn Sie zum Beispiel hell auflachen, findet das Resonanz bei allen Männern, denen Ihr Lachen hell durch die Glieder fährt. Männer sind durch eine Stimme um den Verstand zu bringen. Spielen Sie damit.

Sinnliche Laute für den Wassermann Es soll Wassermänner geben, die besonders gerne in der Nähe einer laufenden Waschmaschine vor sich hin träumen, die beim Öffnen einer mit Kohlensäure versetzten Flasche verzückt innehalten oder als Ausdruck ihres glücklichen Übermuts das Messer quer über den Teller ziehen: Sie lieben ungewöhnliche Geräusche. So ist der Wassermann schon den ganzen Tag über fasziniert vom tropfenden Wasserhahn – und wollen Sie sich hier nicht unbeliebt machen, dann holen Sie jetzt bitte nicht die Rohrzange aus dem Werkzeugkasten! Lassen Sie die Tropfen auf verschiedene Gegenstände plumpsen, das gibt viele überraschende Töne: Komponieren Sie ein kleines Lied. Den Schaden können Sie auch noch hinterher beheben.

Alle in diesem Buch veröffentlichten Abbildungen sind urheberrechtlich geschützt und dürfen nur mit ausdrücklicher Genehmigung des Verlages und des Urhebers/der Urheberin gewerblich genutzt werden.

Die im Buch veröffentlichten Ratschläge wurden von Verfasser/Verfasserin sorgfältig erarbeitet und geprüft. Eine Garantie kann jedoch nicht übernommen werden, ebenso ist eine Haftung des Verfassers/der Verfasserin bzw. des Verlages und seiner Beauftragten für Personen-, Sach- und Vermögensschäden ausgeschlossen.

Bibliografische Information der Deutschen Bibliothek
Die Deutsche Bibliothek verzeichnet diese Publikation in der
Deutschen Nationalbibliografie; detaillierte bibliografische Daten
sind im Internet über http://dnb.ddb.de abrufbar.

Urania Verlag
Verlagsgruppe Dornier
Postfach 80 06 69, 70506 Stuttgart

www.urania-verlag.de
www.verlagsgruppe-dornier.de

© 2004 Urania Verlag, Stuttgart
Der Urania Verlag ist ein Unternehmen der Verlagsgruppe Dornier.
Alle Rechte vorbehalten

Redaktion: Thomas Wieke, Wiesbaden
Layout: Christina Krutz, Riedlhütte
Fotos: PhotoDisc: 3, 4, 7, 12, 15, 19, 20, 21, 23, 24, 26, 29, 31, 41, 45, 47, 55, 57, 58, 61, 63;
Stockbyte: 3, 48; PhotoAlto: 9, 38; John Foxx Images: 11, 16; Back Arts: 22;
FALKEN Archiv/Ziegler: 33; –/TLC: 35; –/TLC: 37; –/Kleeberg/Rink: 42
Zeichnungen: Christina Krutz, Riedlhütte
Umschlaggestaltung: Behrend & Buchholz, Hamburg
Umschlagbild: PhotoDisc
Druck und Bindung: L.E.G.O. Olivotto S.p.a. Vicenza

ISBN 3-332-01562-1

ASZENDENTENBERECHNUNG

Für eine überschlägige Bestimmung Ihres Aszendenten suchen Sie in der linken Spalte Ihren Geburtstag und in der Zeile oben Ihre Geburtsstunde (gilt nur für Mitteleuropa; bei Sommerzeit – eine Stunde